JONATHAN OLIVEIRA

VENDAS
DE ALTO IMPACTO
Como inovar e transformar o setor comercial

Jonathan Oliveira

VENDAS DE ALTO IMPACTO:
COMO INOVAR E TRANSFORMAR O SETOR COMERCIAL

Coordenação editorial:
Gilson Mello

Projeto gráfico:
Flórida Business Academy

Correção, revisão e copidesque:
Fabiana Mello

Direção Geral:
Gilson Mello

Todos os direitos reservados e protegidos pela Lei nº 9.610, de 19/02/1998.

É expressamente proibida a reprodução total ou parcial deste livro, por quaisquer meios (eletrônicos, mecânicos, fotográficos, gravação e outros), sem prévia autorização por escrito da editora.

Primeira edição 2024

Dados Internacionais de Catalogação na Publicação (CIP)
Oliveira, Jonathan
Vendas de alto impacto:
Como inovar e transformar o setor comercial
Jonathan Oliveira; Contagem-MG: Flórida Business Academy
Negócios, 2024.
110 p.
ISBN: 9798340323521
1. Negócios 2. Vendas. 3. Sucesso

Sumário

Prefácio -- 5

Introdução --- 11

Capítulo 1:

A Importância de Adotar uma Mentalidade de Inovação em Vendas -- 17

Capítulo 2:

Conhecimento do Cliente: O Primeiro Passo para a Personalização --- 25

Capítulo 3:

Personalização como Diferencial Competitivo ------------ 35

Capítulo 4:

Automatizando Processos para Aumentar a Eficiência - 43

Capítulo 5:

O Poder do Marketing de Conteúdo nas Vendas ---------53

Capítulo 6:

O Papel da Tecnologia na Otimização de Vendas ------ 63

Capítulo 7:

Estratégias de Prospecção Inovadoras ---------------------- 73

Capítulo 8:

A Importância do Pós-Venda e da Fidelização de Clientes -- 81

Capítulo 9:

Treinamento e Capacitação Contínua da Equipe de Vendas -- 89

Capítulo 10:

Medindo e Otimizando o Desempenho de Vendas ------ 97

Conclusão -- 105

Prefácio

Jonathan Oliveira

Ao longo da minha trajetória como empresário e estrategista de vendas, enfrentei diversos desafios que moldaram não apenas a minha carreira, mas também a maneira como enxergo o mundo dos negócios. Desde muito jovem, tive que lidar com situações difíceis, como a perda precoce de meu pai, e foi nesse contexto que encontrei inspiração para crescer profissionalmente. Aos 14 anos, já trabalhava em uma empresa de engenharia, onde tive meu primeiro contato com o setor de serviços e soluções tecnológicas. Esse início precoce, aliado à orientação do meu tio, foi o alicerce de uma jornada que me levou a fundar e liderar empresas de sucesso, como a Tower Engenharia.

Minha atuação no setor comercial e industrial sempre foi guiada pela busca por inovação e pela capacidade de transformar dificuldades em oportunidades. Ao longo dos anos, percebi que a maneira tradicional de se conduzir negócios não era suficiente para prosperar em um mercado altamente competitivo. A chave para o sucesso, descobri, estava em duas palavras: **inovação** e **personalização**.

Quando, em 2014, tomei a decisão de sair do meu emprego CLT e empreender no ramo de alimentação, enfrentei um cenário desafiador. O restaurante que adquiri estava à beira da falência, com uma estrutura desorganizada e um faturamento baixíssimo. No entanto, ao aplicar estratégias personalizadas de vendas e focar na inovação, consegui triplicar o faturamento e abrir a primeira filial. Esse foi apenas o começo de uma série de conquistas que me mostraram o poder de inovar e adaptar as soluções às necessidades específicas de cada cliente.

Mais tarde, quando retornei ao setor tecnológico e assumi cargos de liderança em diversas empresas, como Diretor Comercial e Executivo de Vendas, apliquei as mesmas lições que aprendi no setor de alimentação: inovação e personalização são os motores de crescimento. Com essas abordagens, ajudei empresas a multiplicarem seu faturamento, como a Tower Engenharia, que atingiu uma receita mensal de R$ 1,7 milhão, e participei da transformação de diversas organizações em líderes de mercado.

A experiência que adquiri ao longo de mais de 15 anos me motivou a escrever este livro. Ao liderar equipes, desenvolver estratégias comerciais e transformar negócios em diferentes setores, percebi que muitas empresas lutam para se destacar em um mercado competitivo porque não adotam uma mentalidade inovadora. Acredito firmemente que qualquer negócio pode alcançar resultados extraordinários, desde que esteja disposto a inovar e adaptar suas estratégias de vendas para atender às necessidades do mercado em constante mudança.

Este livro é uma compilação das lições que aprendi, das estratégias que implementei e das ferramentas que utilizei para alcançar o sucesso. Aqui, compartilho não apenas as práticas que funcionaram para mim, mas também os desafios que encontrei e as soluções que me permitiram superá-los. Meu objetivo é fornecer a você, leitor, insights práticos e aplicáveis que irão transformar a maneira como você conduz seu negócio e suas vendas.

Seja você um empreendedor iniciante, um gestor de vendas experiente ou alguém em busca de inovação para seu setor comercial, acredito que este livro oferecerá as ferramentas necessárias para você não apenas competir, mas também liderar em seu mercado. A transformação começa com uma mudança de mentalidade e a disposição para adaptar-se e inovar constantemente. Convido você a embarcar nesta jornada de vendas de alto impacto, onde o sucesso é alcançado através da inovação e da personalização.

Jonathan Oliveira

Jonathan Oliveira

O setor comercial está passando por uma transformação sem precedentes. A globalização e a digitalização mudaram profundamente a forma como empresas se conectam com seus clientes, forçando organizações de todos os tamanhos a repensarem suas abordagens. O que antes funcionava bem, como métodos tradicionais de vendas focados exclusivamente em produtos, não é mais suficiente para garantir competitividade. Hoje, mais do que nunca, as expectativas dos clientes evoluíram, exigindo que as empresas ofereçam soluções personalizadas e uma experiência de compra que vá além da simples transação.

Este cenário em constante mudança é impulsionado pela velocidade com que as informações circulam e pelo acesso que os consumidores têm às novas tecnologias. O cliente atual está mais informado e exige uma abordagem que atenda suas necessidades específicas, sendo ele o centro de qualquer estratégia comercial de sucesso. As empresas que não adaptarem suas estratégias para acompanhar esse novo cenário tendem a perder espaço para concorrentes mais ágeis, capazes de inovar e personalizar suas ofertas.

Nos últimos anos, observei de perto o impacto dessas mudanças em vários setores, tanto em grandes empresas de tecnologia quanto em pequenas e médias empresas que ajudamos a crescer. O que todas elas têm em comum é a necessidade de inovar constantemente, de adotar novas tecnologias e, acima de tudo, de se concentrar na personalização como diferencial competitivo. Essas experiências moldaram minha visão de que o caminho para o sucesso no setor comercial passa pela combinação de inovação com uma abordagem centrada no cliente.

Neste livro, convido você a explorar essas mudanças e as estratégias práticas que podem transformar seus processos de vendas. Cada capítulo foi estruturado com base em situações reais que vivenciei em minha carreira, desde a criação de estratégias para reestruturar empresas em dificuldade até a implementação de inovações que impulsionaram o crescimento em mercados competitivos.

Ao longo desta jornada, você descobrirá ferramentas que irão ajudá-lo a inovar em sua abordagem comercial, integrando automação, uso inteligente de dados e uma nova mentalidade focada em atender às demandas específicas de seus clientes. Em um mercado que não para de evoluir, essas estratégias não são apenas opções, mas necessidades.

A personalização de soluções, aliada ao uso da tecnologia, será um tema central ao longo deste livro. Você aprenderá como essas práticas não só aumentam a satisfação dos clientes, mas também elevam a eficiência operacional e o faturamento, permitindo que sua empresa se posicione de maneira diferenciada no mercado.

Estamos em uma era onde o que diferencia as empresas de sucesso não é apenas o produto que oferecem, mas como conseguem personalizá-lo, tornando cada interação comercial única e valiosa para o cliente. A capacidade de inovar e adaptar-se a essas novas exigências será determinante para quem deseja prosperar no setor comercial.

Este livro é um convite para você repensar suas estratégias de vendas e se preparar para o futuro do comércio. Cada capítulo trará insights práticos, orientados pela minha experiência, que você poderá aplicar diretamente ao seu negócio. Seja qual for o tamanho de sua empresa ou o mercado em que atua, as lições aqui apresentadas irão ajudá-lo a construir uma abordagem de vendas de alto impacto.

Vamos juntos iniciar essa jornada de transformação e inovação, onde o cliente é o foco e a personalização é a chave para o sucesso.

Capítulo 1

A Importância de Adotar uma Mentalidade de Inovação em Vendas

Jonathan Oliveira

No mundo acelerado de hoje, a capacidade de inovar não é apenas um diferencial – é uma necessidade para qualquer profissional ou empresa que queira sobreviver e prosperar. No entanto, muitos profissionais de vendas permanecem presos a práticas tradicionais, como métodos rígidos de prospecção, scripts repetidos e técnicas de venda que funcionavam no passado, mas que não atendem mais às exigências dos clientes modernos. A falta de inovação leva a uma estagnação nos resultados e à perda de competitividade. Em um mercado tão dinâmico quanto o atual, as empresas que não se adaptam rapidamente às novas realidades estão fadadas a ficar para trás.

O problema é que a inovação, muitas vezes, é vista como algo arriscado ou desnecessário no setor de vendas. Profissionais acostumados a uma maneira de trabalhar tendem a resistir a mudanças, preferindo métodos que conhecem bem. No entanto, essa resistência à mudança é exatamente o que impede que os vendedores atinjam seu pleno potencial e que as empresas cresçam de forma sustentável. Em um cenário onde as expectativas dos clientes evoluem rapidamente, é imperativo que os profissionais de vendas adotem uma mentalidade de inovação para se manterem competitivos.

1. Abraçar a Cultura da Experimentação

Uma das principais maneiras de adotar uma mentalidade de inovação em vendas é criar uma cultura onde a experimentação é incentivada. É comum que as equipes de vendas se sintam pressionadas a manter resultados consistentes e, por isso, optem por seguir caminhos conhecidos. Contudo, em um ambiente que valoriza a experimentação, os profissionais são encorajados a testar novas abordagens, mesmo que nem todas tenham sucesso imediato. A chave é criar um espaço seguro para o aprendizado com os erros, permitindo que os vendedores refinem suas estratégias continuamente.

Um bom exemplo dessa abordagem pode ser encontrado em empresas que instituem práticas como testes A/B em suas abordagens de vendas. Se, por exemplo, uma equipe de vendas sempre utilizou uma estratégia de e-mails padronizados para seus clientes, testar uma nova abordagem mais personalizada pode gerar resultados inesperados. Mesmo que a nova estratégia não tenha o sucesso desejado, o aprendizado adquirido nesse processo será extremamente valioso. A experimentação constante mantém a equipe de vendas em evolução e evita que ela caia na armadilha da mesmice.

2. Incentivar o Pensamento Criativo

Além de experimentar novas técnicas, é fundamental que os profissionais de vendas desenvolvam o pensamento criativo. Sair da rotina e olhar os desafios por diferentes ângulos pode resultar em soluções inovadoras para os problemas comerciais que surgem. Uma maneira eficaz de estimular o pensamento criativo nas equipes de vendas é realizar sessões de brainstorming regulares.

O brainstorming é uma ferramenta poderosa para resolver problemas porque permite que todos os membros da equipe contribuam com ideias, por mais inusitadas que sejam. Em muitas empresas de sucesso, essas sessões não estão limitadas ao departamento de vendas – elas envolvem também os departamentos de marketing, desenvolvimento de produtos e até mesmo o financeiro. A diversidade de perspectivas permite que soluções criativas sejam desenvolvidas e aplicadas a problemas específicos. A inovação não precisa ser uma ideia revolucionária; muitas vezes, ela surge de pequenas melhorias que, somadas, fazem uma grande diferença.

3. Adotar Ferramentas Tecnológicas

A tecnologia também desempenha um papel fundamental na transformação do setor de vendas. Ferramentas como CRMs (Customer Relationship Management), plataformas de automação de marketing e soluções de inteligência artificial não são mais opcionais – elas são essenciais para otimizar os processos de vendas e aumentar a produtividade. A adoção dessas ferramentas não apenas facilita a gestão do relacionamento com os clientes, mas também oferece insights valiosos sobre o comportamento do consumidor, permitindo que a equipe de vendas personalize suas abordagens e aumente as chances de conversão.

Por exemplo, empresas que utilizam CRMs avançados conseguem acompanhar cada interação com os clientes em tempo real, identificando padrões de comportamento e antecipando necessidades. Um estudo recente da *Salesforce* apontou que equipes de vendas que utilizam ferramentas de automação conseguem aumentar sua produtividade em até 30%. Esse tipo de impacto só é possível quando a inovação tecnológica é adotada como parte integral da estratégia de vendas.

4. Benchmarking Constante

Para inovar, não é preciso reinventar a roda. Muitas vezes, a inovação vem da adaptação de boas práticas de outras empresas ou até de outros setores. O benchmarking é uma prática fundamental para quem deseja se manter atualizado com as tendências e encontrar novas formas de melhorar suas operações. Estudar concorrentes ou empresas líderes em outros setores oferece uma visão clara sobre o que está funcionando no mercado e o que pode ser ajustado para a realidade do próprio negócio.

Um exemplo clássico de benchmarking no setor de vendas é a adaptação de técnicas utilizadas no setor de e-commerce para vendas corporativas. O uso de ferramentas de recomendação de produtos, inicialmente popularizadas por gigantes do varejo online, foi adaptado para o mercado B2B, onde as equipes de vendas começaram a utilizar dados para recomendar produtos personalizados para cada cliente, com base em seu histórico de compras e comportamento. Esse tipo de inovação, derivada de outra indústria, trouxe resultados significativos para empresas que buscavam melhorar sua relação com os clientes.

A adoção de uma mentalidade inovadora é o ponto de partida para qualquer transformação significativa no setor de vendas. Sem essa mentalidade, qualquer esforço para inovar estará fadado a enfrentar resistência e a ter resultados limitados. Profissionais de vendas que abraçam a experimentação, incentivam o pensamento criativo, adotam ferramentas tecnológicas e fazem benchmarking contínuo estão mais preparados para superar os desafios do mercado moderno e alcançar resultados de alto impacto.

Capítulo 2

Conhecimento do Cliente: O Primeiro Passo para a Personalização

Jonathan Oliveira

Um dos maiores problemas enfrentados pelas equipes de vendas é a falta de compreensão real das necessidades e expectativas dos clientes. Muitas vezes, os vendedores aplicam abordagens genéricas, acreditando que uma estratégia única servirá para todos os casos. No entanto, esse método raramente gera resultados satisfatórios, especialmente em um mercado onde os consumidores estão cada vez mais exigentes e esperam soluções personalizadas. Se você não conhece profundamente o cliente com quem está lidando, suas chances de sucesso são reduzidas, e o valor agregado pela sua proposta de venda se perde no meio de tantas ofertas semelhantes.

A personalização, neste contexto, não é apenas um diferencial – ela se tornou uma expectativa. Clientes querem sentir que suas necessidades específicas estão sendo atendidas, e para que isso aconteça, é essencial ter um conhecimento profundo de quem são, o que buscam e quais são os seus desafios. Somente a partir desse entendimento é que uma estratégia de vendas pode ser verdadeiramente eficaz. Neste capítulo, exploraremos como a personalização começa com o conhecimento detalhado do cliente e como isso pode transformar seus resultados de vendas.

1. Segmentação Avançada de Clientes

Um dos primeiros passos para entender seus clientes é classificá-los com base em características detalhadas, em vez de tratá-los como um grupo homogêneo. A segmentação avançada permite que você divida seu público em diferentes grupos com base em critérios específicos, como comportamento de compra, preferências de produtos, localização geográfica, faixa etária, entre outros. Essas divisões permitem que você adapte sua comunicação e estratégias de vendas para se alinhar melhor às necessidades e expectativas de cada segmento.

Empresas que implementam estratégias de segmentação avançada colhem benefícios significativos. Um exemplo comum pode ser visto no setor de tecnologia. Ao vender um software de gestão, a abordagem usada para uma pequena empresa com recursos limitados será muito diferente daquela adotada para uma grande corporação com orçamento mais robusto e exigências complexas. Personalizar a oferta de acordo com o segmento correto resulta em uma comunicação mais eficiente, maior taxa de conversão e uma relação mais próxima com o cliente.

Além disso, a segmentação permite que as equipes de vendas priorizem seus esforços. Em vez de tentar agradar a todos, a equipe pode concentrar seus recursos nos segmentos que trazem maior retorno financeiro ou maior potencial de crescimento. Isso não só otimiza os processos de vendas, mas também melhora a alocação de tempo e energia dos vendedores.

2. Pesquisa e Entendimento Profundo

Uma das maneiras mais eficazes de obter informações valiosas sobre seus clientes é perguntar diretamente a eles. A pesquisa de mercado, quando feita corretamente, oferece insights que são difíceis de capturar de outra forma. Existem muitas maneiras de realizar essa pesquisa, desde entrevistas aprofundadas até questionários, grupos focais e análise de feedbacks obtidos ao longo do tempo.

Por exemplo, uma empresa de serviços financeiros pode usar pesquisas para entender as preocupações e os objetivos financeiros de seus clientes. Talvez um grupo esteja mais preocupado com aposentadoria, enquanto outro esteja focado em investimentos de alto retorno. Essas informações permitem que a empresa desenvolva soluções adaptadas às necessidades de cada grupo, melhorando a experiência do cliente e aumentando as chances de venda.

Além disso, o feedback contínuo é uma ferramenta poderosa para identificar possíveis lacunas nos serviços prestados ou para ajustar as ofertas de produtos. Muitas empresas de sucesso fazem uso dessas pesquisas regulares para ajustar suas ofertas conforme as expectativas dos clientes evoluem. Um exemplo clássico é a Amazon, que continuamente coleta feedback de seus clientes para aprimorar sua experiência de compra e personalizar suas recomendações de produtos.

Essa prática também pode ser aplicada de forma mais direta nas vendas, durante a interação entre o vendedor e o cliente. Perguntas abertas, como "Qual é o maior desafio que sua empresa enfrenta no momento?" ou "O que você mais valoriza ao buscar por um parceiro comercial?", podem fornecer uma visão crucial sobre as motivações e necessidades do cliente.

3. Desenvolver Personas de Clientes

Outro passo fundamental para compreender seu público e personalizar suas vendas é a criação de **personas de clientes**. Personas são perfis semi-fictícios que representam seus diferentes tipos de clientes com base em dados reais e suposições fundamentadas. Elas ajudam a visualizar quem são seus clientes, quais são suas motivações, seus pontos de dor e como eles tomam decisões de compra. Criar personas detalhadas é uma maneira poderosa de orientar toda a equipe de vendas e marketing, permitindo que todos tenham uma compreensão unificada e clara de quem estão tentando alcançar.

Para desenvolver personas eficazes, é necessário combinar dados quantitativos com uma compreensão mais profunda e qualitativa dos clientes. Informações como faixa etária, renda, setor de atuação, e comportamento de compra devem ser integradas a aspectos mais subjetivos, como motivações e medos. Por exemplo, uma empresa de tecnologia que vende softwares pode identificar que uma das suas personas mais importantes é o "Diretor de TI", cujas principais preocupações são a segurança da informação e a escalabilidade das soluções oferecidas. Já um "Gerente de Operações" pode estar mais interessado em custos de implementação e eficiência operacional.

Com personas bem delineadas, a equipe de vendas pode adaptar suas conversas e estratégias para abordar os pontos mais importantes de cada grupo. Isso melhora o relacionamento com o cliente e faz com que ele se sinta compreendido e valorizado. Afinal, os consumidores modernos valorizam muito mais as marcas que demonstram entender seus desafios e que estão comprometidas em fornecer soluções personalizadas.

Conhecer o cliente é o ponto de partida para qualquer estratégia de vendas inovadora e eficaz. Sem uma compreensão clara das necessidades, expectativas e desafios dos clientes, os esforços de personalização perdem força. Empresas que investem tempo e recursos para segmentar seus clientes, conduzir pesquisas detalhadas e desenvolver personas são capazes de criar ofertas mais relevantes e construir relacionamentos mais sólidos.

Com o mercado cada vez mais competitivo, as organizações que se destacam são aquelas que conhecem profundamente seus clientes e conseguem oferecer não apenas produtos, mas soluções ajustadas às necessidades específicas de cada um. A personalização é a chave para esse sucesso, e ela começa com o conhecimento detalhado de quem são seus clientes e o que eles esperam da sua empresa.

Jonathan Oliveira

Capítulo 3

Personalização como Diferencial Competitivo

Jonathan Oliveira

Em um mercado cada vez mais saturado, onde os produtos e serviços são semelhantes e as opções para os consumidores são infinitas, as abordagens de vendas genéricas estão rapidamente se tornando ineficazes. Empresas que ainda apostam em estratégias de vendas amplas e pouco direcionadas estão perdendo oportunidades preciosas, enquanto aquelas que adotam a personalização como estratégia central estão ganhando espaço e conquistando clientes leais. A personalização não é apenas uma forma de se destacar – é uma necessidade para criar valor real e competir de maneira eficaz em um mercado dinâmico.

Os consumidores modernos esperam mais do que uma oferta de produto ou serviço. Eles buscam experiências que sejam feitas sob medida para atender suas necessidades individuais, que levem em consideração suas preferências e ofereçam soluções específicas para seus problemas. Isso significa que, para se destacar e crescer, é essencial que as empresas adaptem sua abordagem de vendas e criem experiências personalizadas para cada cliente.

1. Personalizar Abordagens de Venda

Personalizar a abordagem de vendas é o primeiro passo para se destacar da concorrência. A comunicação, a proposta de valor e a própria oferta devem ser ajustadas para refletir as necessidades e preferências de cada cliente. Isso vai muito além de simples cortesias, como personalizar e-mails com o nome do destinatário – trata-se de adaptar toda a abordagem para garantir que o cliente se sinta compreendido e valorizado.

Empresas que personalizam suas ofertas com base nas informações coletadas sobre os clientes têm taxas de conversão significativamente mais altas. Um exemplo clássico é o setor de varejo online, onde plataformas como a Amazon utilizam dados de comportamento de compra para oferecer recomendações personalizadas. Ao prever quais produtos são mais relevantes para cada cliente com base em compras anteriores, a Amazon não apenas melhora a experiência de compra, mas também aumenta a probabilidade de venda.

No contexto B2B, a personalização pode significar oferecer uma solução específica para os desafios de uma empresa. Em vez de apresentar um produto padrão, o vendedor pode apresentar como aquele produto pode resolver o problema específico daquele cliente, com base em informações coletadas durante reuniões anteriores ou a partir de dados do setor. Isso demonstra um cuidado com a realidade do cliente, criando uma conexão mais forte e aumentando a chance de fechar o negócio.

2. Criar Experiências Personalizadas

A personalização não se limita à comunicação ou à proposta de valor – ela pode e deve se estender para a experiência completa de compra. Criar experiências personalizadas significa usar dados e insights para tornar cada etapa do processo de vendas mais relevante para o cliente. Essa prática vai desde a apresentação de soluções específicas até o acompanhamento pós-venda, garantindo que o cliente sinta que sua experiência foi única e cuidadosamente planejada.

No setor de serviços, por exemplo, muitas empresas têm adotado plataformas digitais para acompanhar as interações de cada cliente, coletando dados sobre suas preferências e expectativas. Esses dados são utilizados para personalizar as ofertas e criar uma experiência de atendimento diferenciada. Um exemplo disso pode ser visto no setor de hotelaria, onde grandes redes utilizam sistemas de CRM para garantir que cada hóspede tenha uma experiência única, como ajustar a temperatura do quarto, preparar refeições de acordo com preferências anteriores ou até mesmo personalizar as atividades oferecidas durante a estadia.

No mundo das vendas corporativas, isso pode significar ajustar a experiência de demonstração de um software para destacar funcionalidades que atendem diretamente às necessidades de um cliente específico. Se a empresa estiver em busca de melhorar a gestão de equipe, o vendedor pode destacar as funcionalidades relacionadas a essa área, em vez de uma apresentação genérica do produto. Isso cria uma experiência de compra mais impactante e relevante.

3. Treinamento de Equipes em Personalização

Para que a personalização se torne uma vantagem competitiva, é crucial que toda a equipe de vendas esteja preparada para identificar oportunidades de personalização em cada interação com o cliente. Isso exige um treinamento contínuo para que os vendedores não apenas saibam usar as ferramentas disponíveis, mas também reconheçam os momentos em que a personalização pode fazer a diferença.

O treinamento de equipes de vendas deve incluir o desenvolvimento de habilidades de escuta ativa, a capacidade de formular perguntas adequadas para identificar as necessidades do cliente e o domínio de ferramentas tecnológicas, como sistemas de CRM e automação de marketing. As equipes devem ser incentivadas a buscar informações sobre os clientes antes de cada reunião, com o objetivo de adaptar suas abordagens e oferecer soluções mais personalizadas.

Um exemplo bem-sucedido dessa prática pode ser observado em empresas de serviços financeiros, onde as equipes de vendas são treinadas para adaptar suas ofertas conforme o perfil financeiro e os objetivos de cada cliente. A abordagem utilizada para um investidor mais conservador, que busca segurança, será completamente diferente daquela oferecida a um cliente com perfil mais agressivo, que está disposto a correr riscos maiores em busca de altos retornos. Essa personalização não só melhora a experiência do cliente, mas também aumenta a confiança e a credibilidade do vendedor.

A personalização não é uma tendência passageira – é uma exigência para o sucesso em um mercado cada vez mais competitivo e saturado. As empresas que dominam a arte de personalizar suas abordagens, criar experiências personalizadas e treinar suas equipes para identificar e aproveitar oportunidades de personalização estão posicionadas para se destacar e prosperar.

Os consumidores de hoje esperam mais do que uma oferta genérica. Eles querem ser tratados como indivíduos, com soluções feitas sob medida para suas necessidades específicas. Quando as empresas conseguem atender a essa expectativa, elas não apenas conquistam clientes, mas também criam relações duradouras e de confiança. A personalização, portanto, deve estar no centro da estratégia de qualquer empresa que deseje se destacar e liderar em seu mercado.

Capítulo 4

Automatizando Processos para Aumentar a Eficiência

Jonathan Oliveira

Um dos maiores desafios que as equipes de vendas enfrentam é a perda de tempo e produtividade causada por processos manuais e ineficientes. Vendedores frequentemente gastam uma quantidade significativa de tempo em tarefas administrativas repetitivas, como a atualização de dados, o envio de e-mails ou o acompanhamento de leads. Essas tarefas, embora importantes, desviam o foco de atividades mais estratégicas e de maior valor, como a construção de relacionamentos com os clientes e a negociação de contratos. Em um mercado onde o tempo é crucial, qualquer perda de eficiência pode resultar em oportunidades perdidas e menor faturamento.

A automação de processos não é apenas uma forma de reduzir o trabalho manual, mas também de garantir que os recursos da equipe de vendas sejam utilizados da melhor maneira possível. Ao automatizar tarefas repetitivas e integrar ferramentas que melhoram a visibilidade do processo de vendas, as equipes podem operar de maneira mais rápida, organizada e eficiente, aumentando sua capacidade de fechar negócios.

1. Implementar um CRM Eficaz

Um dos primeiros passos para automatizar processos de vendas é a implementação de um **CRM (Customer Relationship Management)** eficaz. Um CRM é uma ferramenta projetada para gerenciar o relacionamento com os clientes e organizar todas as interações entre a equipe de vendas e os prospects ou clientes atuais. Ele permite que as empresas centralizem todas as informações sobre seus clientes, desde dados de contato até o histórico de interações, ajudando os vendedores a acompanhar de forma eficiente cada etapa do processo de vendas.

A adoção de um CRM permite que as equipes de vendas tenham uma visão 360° de seus clientes, o que facilita a personalização das abordagens e garante que nenhum detalhe importante seja esquecido. Além disso, a automatização de tarefas como o agendamento de lembretes, o acompanhamento de follow-ups e a geração de relatórios permite que os vendedores foquem em atividades mais estratégicas.

Empresas que utilizam CRMs eficientes observam um aumento na produtividade de suas equipes de vendas. De acordo com a Salesforce, empresas que utilizam CRMs relatam um aumento médio de 29% nas vendas, devido à melhor organização dos processos e à automação das tarefas manuais. A eficiência gerada pelo CRM é um diferencial competitivo, já que os vendedores podem dedicar mais tempo a interações significativas com os clientes.

2. Automação de Tarefas Repetitivas

Tarefas repetitivas, como o envio de e-mails de acompanhamento, atualização de dados em planilhas e monitoramento de leads, podem consumir uma grande parte do tempo de um vendedor. Embora sejam tarefas essenciais para o bom funcionamento do processo de vendas, elas não requerem a intervenção humana constante e podem ser facilmente automatizadas com o uso de ferramentas adequadas.

A automação dessas tarefas libera os vendedores para focar em atividades que exigem mais criatividade e habilidade interpessoal. Por exemplo, a automação de e-mails pode ser usada para enviar comunicações personalizadas em momentos estratégicos do ciclo de vendas, como um e-mail de agradecimento logo após uma reunião ou um lembrete de acompanhamento após um período de inatividade do cliente. Ferramentas como o **HubSpot**, **Marketo** e **Pardot** permitem que as equipes de vendas programem esses e-mails, garantindo que o contato com o cliente seja mantido de maneira eficiente sem a necessidade de uma ação manual.

Outra área que pode ser automatizada é o monitoramento de leads. Softwares de automação podem rastrear o comportamento dos leads, como quais páginas do site foram visitadas ou quais e-mails foram abertos, e notificar automaticamente a equipe de vendas quando o lead estiver pronto para avançar no funil de vendas. Esse tipo de automação ajuda a manter o fluxo de trabalho contínuo e evita que oportunidades sejam perdidas devido à falta de acompanhamento adequado.

3. Analisar o Ciclo de Vendas

Além de automatizar tarefas repetitivas, é importante analisar o ciclo de vendas como um todo para identificar pontos de melhoria. O ciclo de vendas geralmente envolve várias etapas, desde a prospecção até o fechamento do negócio, e, em muitos casos, há etapas que podem ser otimizadas ou eliminadas completamente para melhorar a eficiência.

Uma análise detalhada do ciclo de vendas pode revelar gargalos, como atrasos no envio de propostas ou falta de comunicação entre as equipes de vendas e operações. Ao mapear cada etapa do ciclo, as empresas podem identificar onde ocorrem as ineficiências e, em seguida, implementar soluções automatizadas para resolver esses problemas. Por exemplo, uma empresa que percebe que o tempo de resposta para o envio de propostas é muito longo pode adotar uma ferramenta de automação que gere propostas personalizadas automaticamente com base nas informações do cliente, reduzindo o tempo de resposta e aumentando as chances de fechamento do negócio.

Outro exemplo é o uso de relatórios automatizados. Em vez de os gerentes de vendas gastarem tempo compilando manualmente relatórios de desempenho, sistemas de CRM e automação podem gerar relatórios em tempo real, oferecendo uma visão clara das métricas de vendas e permitindo que ajustes sejam feitos rapidamente.

A automação é um dos principais impulsionadores de eficiência nas vendas. Quanto mais automatizados forem os processos, mais tempo as equipes de vendas terão para se concentrar em atividades estratégicas que agregam valor direto ao cliente e ao negócio. A implementação de um CRM eficaz, a automação de tarefas repetitivas e a análise contínua do ciclo de vendas não apenas melhoram a produtividade, mas também garantem que a equipe de vendas esteja sempre focada nas atividades que realmente impactam os resultados.

Em um mercado competitivo, onde cada segundo conta, as empresas que conseguem otimizar seus processos de vendas por meio da automação terão uma vantagem clara sobre aquelas que ainda dependem de métodos manuais e ineficientes. Ao adotar essas estratégias, sua equipe de vendas estará mais bem preparada para enfrentar os desafios do mercado moderno e alcançar resultados superiores.

Jonathan Oliveira

Capítulo 5

O Poder do Marketing de Conteúdo nas Vendas

Jonathan Oliveira

No cenário competitivo atual, o simples ato de oferecer um produto ou serviço não é mais suficiente para atrair e manter a atenção dos clientes. Em um mercado saturado, os consumidores estão cada vez mais exigentes e informados. Eles não querem apenas comprar — querem entender como o produto ou serviço vai resolver seus problemas, melhorar suas vidas ou agregar valor. E é aqui que o **marketing de conteúdo** se torna um diferencial poderoso. A falta de conteúdo relevante que eduque e atraia potenciais clientes pode reduzir o engajamento e as oportunidades de venda. Empresas que não investem em conteúdo perdem a chance de construir relacionamentos significativos e de posicionar sua marca como autoridade no setor.

O marketing de conteúdo é a criação e distribuição de material informativo, útil e relevante para atrair e engajar seu público-alvo. Esse material pode vir em várias formas — blog posts, artigos, vídeos, webinars, infográficos —, e seu objetivo principal é educar os clientes, ajudá-los a tomar decisões informadas e, consequentemente, prepará-los para a compra. Empresas que investem em marketing de conteúdo veem um aumento significativo na geração de leads e um engajamento mais profundo com seus clientes.

Vamos explorar as práticas mais eficazes de marketing de conteúdo para impulsionar as vendas e construir um relacionamento duradouro com os clientes.

1. Criação de Conteúdo Educativo

Uma das maneiras mais eficazes de atrair e engajar clientes é através da criação de **conteúdo educativo**. Esse tipo de conteúdo não tem como objetivo vender diretamente, mas sim fornecer informações valiosas que ajudem o cliente a entender melhor o setor, as soluções disponíveis e como essas soluções podem resolver seus problemas. O conteúdo educativo constrói credibilidade e confiança com os potenciais clientes, posicionando sua empresa como uma fonte confiável de conhecimento.

Exemplos de conteúdo educativo incluem guias, white papers, tutoriais em vídeo e artigos detalhados que abordam as principais dúvidas ou dores do seu público-alvo. Se você está vendendo uma solução tecnológica para empresas, por exemplo, pode criar um guia completo que explique as tendências do setor, como as empresas estão adotando tecnologias inovadoras e quais resultados estão obtendo. Isso não apenas educa o cliente sobre o produto, mas também o ajuda a visualizar como a solução se encaixa em suas necessidades.

Um exemplo clássico de conteúdo educativo bem-sucedido é a HubSpot, que, através de seus blogs, eBooks e cursos, oferece materiais que educam seus clientes sobre marketing digital, vendas e automação. A HubSpot utiliza esse conteúdo para atrair leads e construir relacionamentos, preparando o caminho para a venda de seus softwares.

2. Uso de Redes Sociais para Engajamento

As **redes sociais** são plataformas poderosas para compartilhar conteúdo, aumentar o engajamento e educar potenciais clientes. A presença nas redes sociais permite que sua empresa interaja com os clientes em tempo real, responda a dúvidas e compartilhe atualizações sobre seu setor ou produtos. Além disso, as redes sociais oferecem a oportunidade de compartilhar uma variedade de tipos de conteúdo, desde posts de blog até vídeos explicativos e transmissões ao vivo.

Publicar regularmente em redes sociais como LinkedIn, Instagram, Facebook ou Twitter permite que sua marca esteja sempre presente no dia a dia do cliente. No entanto, é importante lembrar que o conteúdo compartilhado precisa ser relevante e útil para o público. Compartilhar artigos sobre tendências de mercado, estudos de caso de sucesso e até dicas práticas pode ajudar a criar uma conexão mais profunda com os potenciais clientes.

Um dos pontos fortes do uso das redes sociais é a possibilidade de engajar com seu público de forma mais pessoal. Comentários, curtidas e compartilhamentos são formas de iniciar conversas com potenciais clientes e criar um relacionamento mais próximo. Empresas que dominam essa estratégia constroem uma comunidade em torno de sua marca, o que aumenta a lealdade dos clientes e a taxa de conversão.

3. E-mail Marketing Personalizado

Embora algumas pessoas acreditem que o **e-mail marketing** tenha perdido sua relevância, ele continua sendo uma das ferramentas mais poderosas no arsenal do marketing de conteúdo. O segredo para um e-mail marketing bem-sucedido está na personalização — enviar mensagens segmentadas e relevantes, baseadas nas necessidades e comportamentos dos clientes. Isso torna a comunicação mais eficaz e aumenta as chances de engajamento.

Através de ferramentas de automação de marketing, é possível criar campanhas de e-mail que são personalizadas com base no estágio em que o cliente se encontra no funil de vendas. Por exemplo, um cliente que ainda está na fase de consideração pode receber conteúdo educativo que explique os benefícios gerais de uma solução, enquanto um cliente que já está mais próximo de tomar uma decisão pode receber estudos de caso que mostram o sucesso de outros clientes que utilizaram o produto.

Além disso, os e-mails podem incluir recomendações de produtos ou serviços, baseadas no comportamento de navegação ou de compra anterior do cliente. Essa personalização aumenta significativamente a relevância do conteúdo e, consequentemente, a taxa de abertura e de conversão das campanhas.

O **case da Amazon** é um dos exemplos mais famosos de e-mail marketing personalizado. A empresa envia e-mails recomendando produtos com base nas compras anteriores, visualizações de página e até nas listas de desejos dos clientes. Essa abordagem personalizada faz com que o cliente sinta que a empresa o conhece e entende suas necessidades, o que resulta em maior engajamento e mais vendas.

O marketing de conteúdo é uma ferramenta indispensável para educar, engajar e atrair potenciais clientes. Ele não apenas gera leads de qualidade, mas também constrói uma relação de confiança entre a empresa e o cliente, posicionando sua marca como líder de pensamento no setor. A criação de conteúdo educativo, o uso estratégico das redes sociais e o envio de e-mails personalizados são práticas que, quando bem executadas, geram um impacto profundo nas vendas.

Empresas que investem em marketing de conteúdo não estão apenas vendendo produtos, mas oferecendo valor real e contínuo para seus clientes. Ao adotar essas estratégias, você criará uma base de clientes engajada, que vê na sua marca mais do que um fornecedor — uma fonte confiável de conhecimento e inovação.

Jonathan Oliveira

Capítulo 6

O Papel da Tecnologia na Otimização de Vendas

Jonathan Oliveira

O mercado de vendas moderno é caracterizado por uma competição acirrada, onde a eficiência e a precisão são essenciais para o sucesso. No entanto, muitas equipes de vendas ainda se veem presas a processos manuais e antigos, sem explorar o potencial que a tecnologia pode oferecer para otimizar seus esforços. A falta de integração de ferramentas tecnológicas adequadas pode levar a uma perda significativa de competitividade, uma vez que as empresas que adotam soluções avançadas conseguem operar com maior agilidade, eficiência e precisão.

A tecnologia, quando bem utilizada, não apenas automatiza processos, mas também fornece insights profundos que ajudam as equipes a tomar decisões mais estratégicas. Desde plataformas de automação de vendas até inteligência artificial, a adoção dessas soluções pode transformar a maneira como as empresas vendem, proporcionando vantagens significativas em termos de produtividade e resultados comerciais.

1. Investir em Ferramentas de Análise de Dados

Um dos maiores benefícios da tecnologia para as vendas é a capacidade de coletar e analisar grandes volumes de dados. Ferramentas de **análise de dados** podem ser usadas para identificar padrões de compra, prever comportamentos futuros dos clientes e adaptar as estratégias de vendas de acordo com essas informações. A análise de dados permite que as equipes de vendas tenham uma compreensão mais detalhada de seus clientes, possibilitando a personalização de ofertas e o aumento das taxas de conversão.

Ao utilizar ferramentas de **analytics**, as empresas podem acompanhar o desempenho de cada fase do ciclo de vendas, identificar gargalos e oportunidades, e tomar decisões baseadas em dados concretos. Por exemplo, a análise dos dados de um CRM pode mostrar que um determinado segmento de clientes tem um ciclo de compras mais curto ou que prefere determinados produtos em momentos específicos do ano. Com esses insights, a equipe de vendas pode ajustar suas estratégias de prospecção e fechamento para maximizar os resultados.

Além disso, os dados também permitem prever as tendências do mercado e o comportamento dos consumidores. Por exemplo, um software de análise pode identificar um aumento na demanda por determinados tipos de produtos ou serviços com base no comportamento de compra anterior de clientes. Isso permite que as equipes de vendas se antecipem às necessidades dos clientes, tornando suas abordagens mais assertivas.

2. Plataformas de Automação de Vendas

A automação de vendas é outro componente essencial para otimizar o ciclo comercial. **Plataformas de automação de vendas** permitem que as equipes de vendas automatizem tarefas repetitivas, como o envio de e-mails de follow-up, a atualização de dados de clientes e até o agendamento de reuniões. Isso reduz a carga de trabalho manual e libera tempo para que os vendedores se concentrem em atividades de maior valor, como o desenvolvimento de relacionamentos com os clientes.

Plataformas como o **Salesforce**, **Pipedrive** e **Zoho CRM** oferecem soluções de automação que acompanham todo o ciclo de vendas, desde a prospecção até o fechamento. Essas ferramentas integram todas as informações em um só lugar, facilitando o acompanhamento do progresso das vendas, o gerenciamento de leads e a comunicação com os clientes. Além disso, elas oferecem funcionalidades como lembretes automáticos para contatos, geração de relatórios em tempo real e análise de desempenho das equipes, o que aumenta a eficiência operacional.

A automação de vendas não só melhora a produtividade, mas também garante que nenhuma oportunidade seja desperdiçada. Por exemplo, uma plataforma de automação pode alertar a equipe de vendas quando um lead está próximo de avançar no funil de vendas, permitindo uma abordagem no momento ideal para o fechamento. Isso aumenta a taxa de conversão e reduz o tempo gasto com leads não qualificados.

3. Inteligência Artificial e Machine Learning

Nos últimos anos, a **Inteligência Artificial (IA)** e o **Machine Learning (ML)** têm se tornado poderosos aliados no mundo das vendas. Essas tecnologias são capazes de processar grandes volumes de dados em tempo real e fornecer insights valiosos que ajudam as equipes de vendas a tomar decisões mais informadas e estratégicas.

A IA pode ser usada para identificar **leads qualificados** com base em critérios predefinidos, como comportamentos de compra anteriores ou interações com o site da empresa. Isso significa que a equipe de vendas pode priorizar os leads com maior probabilidade de conversão, economizando tempo e aumentando a eficiência do processo de vendas. Além disso, a IA pode ajudar a prever o sucesso de uma venda, oferecendo previsões detalhadas com base em dados históricos.

Por outro lado, o Machine Learning permite que os sistemas de vendas aprendam e se adaptem continuamente. Com o tempo, essas tecnologias podem ajustar suas previsões e recomendações de acordo com as novas informações que recebem, tornando o processo de vendas cada vez mais preciso. Por exemplo, a IA pode sugerir o melhor momento para entrar em contato com um cliente ou recomendar produtos complementares com base em compras anteriores.

A adoção de IA e Machine Learning permite que as equipes de vendas atuem de forma mais estratégica e eficiente, antecipando-se às necessidades dos clientes e oferecendo soluções no momento certo. A personalização das abordagens, combinada com a análise de dados em tempo real, resulta em uma experiência de compra mais relevante e envolvente para os clientes.

A tecnologia é, sem dúvida, uma aliada indispensável para otimizar processos e estratégias de vendas. Desde o uso de ferramentas de análise de dados, que ajudam a entender melhor o comportamento dos clientes, até a automação de tarefas e a utilização de inteligência artificial para prever e priorizar leads, a integração tecnológica transforma a maneira como as vendas são conduzidas.

Empresas que adotam essas soluções conseguem operar com maior eficiência, reduzir custos operacionais e aumentar suas taxas de conversão. À medida que a concorrência se torna mais acirrada, a tecnologia oferece às equipes de vendas a capacidade de se destacar, atuando com mais precisão e rapidez. Investir em tecnologia não é apenas uma questão de modernização, mas uma estratégia essencial para alcançar e manter a competitividade no mercado de vendas atual.

Jonathan Oliveira

Capítulo 7

Estratégias de Prospecção Inovadoras

Jonathan Oliveira

No mundo das vendas, a prospecção é uma das etapas mais críticas para garantir um pipeline saudável de novos negócios. No entanto, em mercados cada vez mais saturados, as **estratégias de prospecção tradicionais**, como chamadas frias e e-mails não segmentados, têm se mostrado cada vez menos eficazes. Os clientes de hoje estão mais informados, têm mais opções e estão menos receptivos a abordagens genéricas e invasivas. Isso cria um desafio para as equipes de vendas: como identificar e engajar novos clientes de maneira eficiente e inovadora?

Neste cenário, é essencial adotar **estratégias de prospecção inovadoras**, que vão além das abordagens tradicionais e utilizam as ferramentas e plataformas disponíveis para alcançar e se conectar com potenciais clientes de maneira mais eficaz. A prospecção moderna precisa ser mais estratégica, personalizada e omnichannel, permitindo que as empresas se destaquem em meio à concorrência e construam relacionamentos sólidos com seus leads desde o primeiro contato.

1. Social Selling

O **Social Selling** é uma estratégia que envolve o uso das redes sociais para encontrar, conectar-se e construir relacionamentos com potenciais clientes. Plataformas como LinkedIn, Twitter e Instagram não são mais apenas espaços para marketing de conteúdo — elas também se tornaram ferramentas poderosas para a prospecção de vendas. No Social Selling, os vendedores utilizam as redes sociais para se envolverem em conversas relevantes, compartilhar conteúdo de valor e nutrir relacionamentos de forma orgânica, construindo uma rede de contatos que pode resultar em novas oportunidades de negócio.

Por exemplo, em vez de fazer uma abordagem direta e fria, o vendedor pode interagir com posts, compartilhar artigos ou oferecer insights valiosos para potenciais clientes em grupos ou discussões de redes sociais. Isso cria um relacionamento mais natural e personalizado, permitindo que o vendedor se posicione como um especialista no setor. Uma pesquisa realizada pela LinkedIn Sales Solutions revelou que 78% dos vendedores que utilizam o Social Selling superam seus pares que não adotam essa estratégia.

Além disso, o Social Selling permite que os vendedores monitorem a atividade dos clientes em potencial, acompanhando interações, preferências e desafios enfrentados por eles. Isso fornece informações valiosas que podem ser usadas para adaptar a abordagem de prospecção e tornar as conversas mais relevantes e personalizadas.

2. Prospecção Omnichannel

Uma abordagem de **prospecção omnichannel** envolve a utilização de múltiplos canais para alcançar e engajar potenciais clientes. Em vez de depender de apenas um canal de comunicação, como ligações ou e-mails, a prospecção omnichannel integra diferentes plataformas e ferramentas, como redes sociais, e-mails, ligações telefônicas e eventos presenciais ou online.

Ao adotar essa abordagem multicanal, as equipes de vendas têm mais chances de se conectar com diferentes perfis de clientes, pois cada pessoa prefere interagir de maneiras distintas. Alguns potenciais clientes podem responder melhor a um contato por e-mail, enquanto outros podem preferir uma ligação direta ou uma interação nas redes sociais. Ao diversificar os pontos de contato, a empresa aumenta suas chances de engajar o cliente no momento certo e no canal preferido.

Por exemplo, uma estratégia omnichannel pode começar com o envio de um e-mail informativo para apresentar a empresa, seguido por um contato mais direto por telefone para marcar uma reunião. Em paralelo, a equipe de vendas pode interagir com o cliente em potencial por meio das redes sociais, construindo uma conexão mais informal. Esse tipo de estratégia integrada permite que os vendedores se aproximem dos leads de diferentes formas, aumentando a probabilidade de resposta positiva.

3. Parcerias Estratégicas para Prospecção

Desenvolver **parcerias estratégicas** com outras empresas é uma maneira eficaz de acessar novos mercados e bases de clientes sem competir diretamente. As parcerias permitem que duas ou mais empresas combinem seus recursos e alcancem novos leads que, de outra forma, não estariam em seu radar. Essas colaborações podem envolver empresas complementares que compartilham interesses e públicos semelhantes, mas que não competem diretamente no mesmo nicho.

Por exemplo, uma empresa que fornece soluções de software para o setor de saúde pode formar uma parceria com uma empresa de consultoria especializada em gestão hospitalar. Juntas, essas empresas podem apresentar soluções completas para os clientes, ajudando-os a otimizar seus processos e a melhorar os resultados de seus negócios. Essa abordagem de co-marketing não só fortalece a posição de ambas as empresas no mercado, mas também abre portas para novos clientes que estão dentro da rede de contatos da empresa parceira.

Além disso, essas parcerias podem envolver a co-organização de eventos, webinars ou a criação de conteúdo colaborativo, como white papers ou estudos de caso. Essas iniciativas agregam valor ao cliente e, ao mesmo tempo, expandem o alcance das empresas participantes.

No ambiente atual de vendas, as estratégias de prospecção precisam ir além das táticas tradicionais e buscar inovação em todos os aspectos. O Social Selling oferece uma maneira mais orgânica e relevante de construir relacionamentos com potenciais clientes, enquanto a prospecção omnichannel garante que as empresas alcancem os leads por meio de vários pontos de contato. As parcerias estratégicas, por sua vez, oferecem uma maneira eficaz de acessar novos mercados e aumentar a base de clientes.

Ao adotar essas estratégias inovadoras, as equipes de vendas estarão mais bem preparadas para encontrar e engajar novos clientes, mesmo em mercados saturados. O segredo para uma prospecção bem-sucedida está na combinação de criatividade, tecnologia e uma abordagem centrada no cliente, permitindo que a empresa se destaque da concorrência e construa um pipeline de vendas robusto e sustentável.

Capítulo 8

A Importância do Pós-Venda
e da Fidelização de Clientes

Jonathan Oliveira

Para muitas empresas, o foco está voltado para atrair novos clientes, e a maior parte dos recursos e esforços são direcionados para campanhas de aquisição. No entanto, **negligenciar o pós-venda** é um erro que pode custar caro a longo prazo. O pós-venda é a etapa que garante que os clientes que já compraram continuem comprando e, mais importante, se tornem defensores da marca. Em um mercado saturado, manter clientes leais é fundamental para a saúde de qualquer negócio. A retenção de clientes é geralmente mais barata e mais eficiente do que a aquisição de novos, além de garantir um fluxo constante de receita.

A fidelização de clientes vai além de apenas resolver problemas pós-compra. Trata-se de construir relacionamentos duradouros, oferecendo valor contínuo e mantendo um diálogo aberto com o cliente. Empresas que investem em um pós-venda eficaz não apenas garantem vendas recorrentes, mas também transformam seus clientes em promotores da marca, que irão recomendá-la para sua rede, ampliando ainda mais o alcance de vendas.

1. Suporte e Atendimento Personalizado

Um dos pilares de um **pós-venda eficaz** é oferecer **suporte personalizado**. Após a compra, o cliente quer sentir que continua a ser valorizado e que pode contar com a empresa para resolver eventuais problemas ou dúvidas. Um atendimento padronizado e impessoal, como a simples abertura de chamados automáticos, não constrói relacionamentos e pode deixar o cliente insatisfeito.

Empresas bem-sucedidas adotam uma abordagem proativa, antecipando as necessidades dos clientes e oferecendo suporte antes mesmo que problemas apareçam. Isso pode ser feito por meio de e-mails de acompanhamento, ligações de verificação e até mesmo tutoriais ou guias sobre como utilizar o produto ou serviço adquirido. Essa atenção personalizada demonstra que a empresa está comprometida com o sucesso do cliente, o que fortalece o vínculo e aumenta a lealdade.

Exemplos de boas práticas incluem o atendimento proativo de empresas como a Amazon, que monitora os prazos de entrega e, se detectar qualquer problema, entra em contato com o cliente para solucionar a questão antes que ele precise reclamar. Outro exemplo é o atendimento de empresas como a Apple, que oferece suporte personalizado em suas lojas físicas e virtuais, facilitando o processo de pós-venda e garantindo uma experiência excepcional ao cliente.

2. Programas de Fidelidade e Recompensa

Uma das formas mais eficazes de incentivar a **fidelização de clientes** é por meio de **programas de fidelidade**. Estes programas recompensam os clientes que continuam comprando, oferecendo vantagens exclusivas como descontos, acesso antecipado a lançamentos ou serviços personalizados. Além de criar um incentivo claro para que o cliente retorne, esses programas também reforçam a conexão emocional do cliente com a marca.

Empresas de sucesso, como Starbucks e Sephora, criaram programas de fidelidade robustos que incentivam a repetição de compras, oferecendo pontos a cada transação que podem ser trocados por produtos ou serviços. Esses programas não apenas aumentam o volume de vendas, mas também criam uma sensação de pertencimento e exclusividade para o cliente, que se sente recompensado por sua lealdade.

Além disso, os programas de fidelidade podem ser uma excelente ferramenta para incentivar as recomendações boca a boca. Ao oferecer recompensas por indicações de novos clientes, a empresa transforma clientes leais em embaixadores da marca, ampliando o alcance de suas vendas e conquistando novos clientes por meio de uma fonte altamente confiável — as recomendações de amigos e familiares.

3. Feedback Contínuo do Cliente

Uma das melhores maneiras de demonstrar aos clientes que suas opiniões são valorizadas é **coletar feedback contínuo** e agir de acordo com ele. Estabelecer canais claros de comunicação para receber sugestões, críticas ou elogios permite que a empresa identifique áreas de melhoria e responda rapidamente às demandas dos clientes. O feedback não deve ser apenas uma formalidade, mas uma ferramenta estratégica para melhorar a experiência do cliente e ajustar produtos e serviços conforme as necessidades.

Empresas que agem com base no feedback demonstram que estão comprometidas com a melhoria contínua e com o sucesso de seus clientes. A simples prática de enviar pesquisas de satisfação logo após a compra, ou até mesmo realizar entrevistas detalhadas com clientes-chave, pode fornecer insights valiosos sobre onde a empresa está acertando e onde precisa melhorar.

Um bom exemplo de uso do feedback contínuo é a Netflix, que personaliza suas recomendações de conteúdo com base nas avaliações e no histórico de visualizações de cada usuário. Ao adaptar seus serviços de acordo com as preferências individuais dos clientes, a empresa não apenas melhora a experiência de uso, mas também aumenta a retenção e a fidelidade.

O **pós-venda eficaz** é tão importante quanto o processo de aquisição de novos clientes. Garantir que os clientes se sintam apoiados e valorizados após a compra é fundamental para construir um relacionamento duradouro e criar uma base de clientes leais. O suporte personalizado, programas de fidelidade e o feedback contínuo são ferramentas essenciais para garantir uma experiência positiva de pós-venda.

Ao investir em estratégias de fidelização, as empresas garantem **vendas recorrentes**, aumentam sua reputação no mercado e transformam seus clientes em verdadeiros embaixadores da marca. O pós-venda, quando bem executado, não é apenas uma forma de manter os clientes satisfeitos, mas uma estratégia poderosa para o crescimento sustentável e a expansão da marca.

Capítulo 9

Treinamento e Capacitação Contínua da Equipe de Vendas

Jonathan Oliveira

Em um ambiente de vendas em constante evolução, onde as tecnologias e as expectativas dos clientes mudam rapidamente, as **equipes de vendas desatualizadas** correm o risco de ficarem para trás. Vendedores que utilizam técnicas ultrapassadas e que não estão familiarizados com as novas ferramentas e estratégias do mercado enfrentam dificuldades para acompanhar a concorrência e proporcionar valor real aos clientes. Portanto, o **treinamento contínuo** é uma necessidade para qualquer organização que deseja se destacar e manter sua equipe afiada e pronta para superar os desafios do mercado.

Investir no desenvolvimento e na capacitação contínua das equipes de vendas é, na verdade, um investimento direto no sucesso da empresa. Quando bem treinada, a equipe consegue não só entender as necessidades dos clientes, mas também aplicar as estratégias certas para fechar negócios de forma eficaz e sustentável. Esse treinamento deve ser abrangente, cobrindo tanto **hard skills** (habilidades técnicas) quanto **soft skills** (habilidades interpessoais), além de capacitar os vendedores no uso de ferramentas tecnológicas essenciais para otimizar os processos de vendas.

1. Capacitação Constante em Técnicas de Vendas

O mercado está em constante mudança, e as **técnicas de vendas** que funcionavam no passado podem não ser tão eficazes no cenário atual. Por isso, é crucial que as equipes de vendas participem regularmente de treinamentos que ensinem **novas técnicas de vendas** e abordagens adaptadas à realidade moderna. Métodos como a venda consultiva, por exemplo, que coloca o foco nas necessidades do cliente em vez de simplesmente vender um produto, devem ser incorporados ao repertório dos vendedores.

Treinamentos regulares permitem que a equipe esteja sempre atualizada sobre as melhores práticas do setor e sobre as **novas tendências** de comportamento do consumidor. Isso inclui aprender a identificar melhor as necessidades dos clientes, aplicar técnicas de negociação eficazes e superar objeções de maneira mais estratégica. Por exemplo, o método SPIN Selling, que ajuda os vendedores a conduzir conversas investigativas para identificar as necessidades do cliente, é uma técnica que tem se mostrado muito eficaz em mercados mais complexos.

Além disso, os vendedores devem ser treinados para serem ágeis e flexíveis, ajustando suas abordagens conforme necessário para cada cliente. Não basta aplicar uma única estratégia a todos os cenários; o vendedor moderno precisa de um arsenal de técnicas adaptáveis, prontas para serem aplicadas de acordo com o perfil de cada cliente e o contexto de cada negociação.

2. Desenvolvimento de Soft Skills

Além das **técnicas de vendas** propriamente ditas, as **soft skills** — como comunicação, empatia, negociação e resiliência — são fundamentais para o sucesso em vendas. Embora as habilidades técnicas garantam que o vendedor saiba o que fazer, as soft skills asseguram que ele saiba **como fazer**. No mundo moderno, os clientes estão cada vez mais exigentes e buscam conexões genuínas com as marcas e seus representantes. Portanto, saber como se comunicar de maneira eficaz e criar um relacionamento de confiança com o cliente é um diferencial significativo.

O desenvolvimento de **habilidades interpessoais** permite que os vendedores entendam melhor as emoções e as preocupações dos clientes, o que, por sua vez, leva a interações mais autênticas e produtivas. Um vendedor empático, por exemplo, é capaz de se colocar no lugar do cliente e oferecer soluções que realmente atendam às suas necessidades, o que aumenta a probabilidade de conversão e fidelização.

Negociação é outra soft skill crucial. Os vendedores devem ser capazes de negociar de forma eficaz para garantir que o cliente veja valor na oferta e, ao mesmo tempo, a empresa atinja suas metas de lucratividade. A **negociação ganha-ganha**, onde ambos os lados saem satisfeitos, deve ser o objetivo de qualquer interação comercial, e isso requer um treinamento contínuo.

3. Treinamento em Ferramentas Tecnológicas

No cenário moderno de vendas, a **tecnologia** desempenha um papel central. Desde sistemas de CRM (Customer Relationship Management) até plataformas de automação de marketing e vendas, as ferramentas digitais são essenciais para gerenciar o ciclo de vendas, acompanhar o comportamento dos clientes e automatizar tarefas repetitivas. No entanto, muitas equipes de vendas ainda não utilizam essas ferramentas de maneira eficiente, o que limita seu desempenho.

O treinamento em **ferramentas tecnológicas** deve ser uma parte regular da capacitação de vendas. Ensinar a equipe a usar CRMs, plataformas de automação e análise de dados ajuda os vendedores a serem mais produtivos e a terem acesso a informações detalhadas sobre os clientes e o mercado. Isso, por sua vez, permite que eles personalizem suas abordagens e melhorem a experiência de compra do cliente.

Além disso, as ferramentas tecnológicas não apenas facilitam o processo de vendas, mas também permitem que as empresas coletem e analisem **dados de vendas** para tomar decisões mais informadas. Os vendedores treinados para usar essas tecnologias podem identificar padrões de comportamento dos clientes, prever tendências e ajustar suas estratégias com base em insights concretos.

O sucesso nas vendas depende diretamente da **preparação e atualização contínua** das equipes comerciais. Em um mercado que está em constante transformação, as empresas precisam investir em treinamentos regulares para garantir que suas equipes de vendas estejam equipadas com as habilidades e conhecimentos necessários para enfrentar novos desafios. A capacitação constante em técnicas de vendas, o desenvolvimento de soft skills e o treinamento em ferramentas tecnológicas são os pilares de uma equipe de vendas de alto desempenho.

Empresas que investem no desenvolvimento contínuo de suas equipes estão, na verdade, **investindo no sucesso a longo prazo**. Uma equipe bem treinada e capacitada não só atinge metas mais ambiciosas, mas também contribui para a construção de uma base sólida de clientes fiéis e satisfeitos.

Capítulo 10

Medindo e Otimizando o Desempenho de Vendas

Jonathan Oliveira

Muitas empresas dedicam recursos significativos para desenvolver e implementar estratégias de vendas, mas falham ao não estabelecer **métricas claras** para medir o desempenho dessas estratégias. Sem uma forma eficaz de medir resultados, fica difícil saber o que está funcionando, o que precisa ser ajustado e onde estão as oportunidades de melhoria. A **medição contínua** é essencial para garantir que as equipes de vendas estejam atingindo seus objetivos, e para que a empresa possa ajustar suas táticas conforme necessário.

O processo de medição e otimização não deve ser encarado como algo que acontece apenas ocasionalmente ou em intervalos de tempo fixos. Pelo contrário, trata-se de um ciclo contínuo em que as estratégias são analisadas, ajustadas e aprimoradas em tempo real. Quando as empresas adotam uma cultura de acompanhamento regular e ajuste constante, elas podem não apenas maximizar os resultados atuais, mas também preparar suas equipes de vendas para se adaptar rapidamente às mudanças no mercado.

1. Definir KPIs Estratégicos

O primeiro passo para otimizar o desempenho de vendas é definir **KPIs (Key Performance Indicators)** estratégicos. Os KPIs são indicadores-chave de desempenho que permitem medir o sucesso das estratégias de vendas de forma objetiva e consistente. Para que esses indicadores sejam eficazes, eles devem ser **relevantes**, **mensuráveis** e **alinhados aos objetivos da empresa**.

Alguns exemplos de KPIs comuns no setor de vendas incluem:

- **Taxa de conversão**: A porcentagem de leads convertidos em clientes.

- **Ciclo de vendas**: O tempo médio necessário para transformar um lead em cliente.

- **Valor médio de vendas**: A receita média gerada por venda.

- **Custo de aquisição de cliente (CAC)**: O custo total para adquirir um novo cliente.

- **Retenção de clientes**: A porcentagem de clientes que continuam comprando após a primeira transação.

Cada empresa pode ter KPIs específicos, dependendo de seu modelo de negócios e do mercado em que atua. O importante é garantir que esses indicadores sejam monitorados de forma consistente para permitir ajustes rápidos e eficazes.

2. Análise de Desempenho Regular

Definir KPIs é apenas o primeiro passo. O segundo passo é realizar uma **análise de desempenho regular**, onde os dados de vendas são revisados e interpretados para identificar padrões, pontos fortes e oportunidades de melhoria. As análises regulares, que podem ser feitas semanalmente, mensalmente ou trimestralmente, fornecem insights importantes sobre o que está funcionando bem e o que precisa ser ajustado.

Durante a análise de desempenho, é importante considerar não apenas os KPIs quantitativos (como volume de vendas), mas também indicadores qualitativos (como **satisfação do cliente** e **feedback da equipe**). Uma abordagem completa de análise oferece uma visão mais ampla das operações de vendas e pode revelar detalhes que os números brutos não mostram.

Um bom exemplo dessa prática vem de empresas que realizam **reuniões de revisão de vendas** com suas equipes para discutir as metas alcançadas, o desempenho individual de cada vendedor e as oportunidades que surgiram ou foram perdidas. Essas reuniões proporcionam uma troca valiosa de experiências e permitem que as melhores práticas sejam disseminadas por toda a equipe.

3. Feedback e Ajuste Contínuo

A **otimização** das vendas depende da capacidade de ajustar as estratégias com base no feedback e nos dados coletados. A análise regular de desempenho deve sempre ser seguida de ações corretivas, quando necessário. Se um determinado KPI estiver abaixo do esperado, é crucial investigar as causas subjacentes e identificar as **ações corretivas** apropriadas.

Por exemplo, se a taxa de conversão estiver baixa, pode ser necessário revisar a **abordagem de prospecção**, o **treinamento de vendas** ou até mesmo o **material de marketing** usado para atrair novos leads. Se o **ciclo de vendas** estiver muito longo, pode ser necessário automatizar algumas etapas ou melhorar a comunicação entre os vendedores e os clientes.

Além disso, o **feedback contínuo da equipe de vendas** é essencial para garantir que os processos estejam funcionando de maneira eficiente. Ouvir os vendedores que estão na linha de frente das interações com os clientes pode fornecer informações valiosas sobre as barreiras que eles enfrentam no dia a dia e como esses obstáculos podem ser superados.

Por fim, a capacidade de uma empresa de **ajustar suas estratégias em tempo real** pode ser um diferencial competitivo importante. Ao adotar uma abordagem ágil, onde as mudanças são feitas rapidamente com base nos dados coletados, as empresas podem maximizar suas oportunidades de vendas e minimizar a perda de clientes ou leads.

Medir e otimizar o desempenho de vendas é um processo contínuo que requer disciplina e atenção aos detalhes. Definir KPIs estratégicos, realizar análises de desempenho regulares e ajustar continuamente as estratégias com base no feedback e nos dados coletados são práticas essenciais para manter uma abordagem ágil e eficaz nas vendas.

Ao monitorar cuidadosamente o desempenho de suas equipes e estar disposto a fazer os ajustes necessários, as empresas conseguem **garantir resultados consistentes** e melhorar continuamente suas operações comerciais. Esse ciclo de medição, análise e ajuste permite que as vendas sejam não apenas otimizadas, mas também escaladas de maneira sustentável, promovendo o crescimento da empresa e a satisfação dos clientes.

Conclusão

Jonathan Oliveira

Ao longo deste livro, exploramos as várias facetas da inovação nas vendas e como essas estratégias podem transformar completamente a forma como operamos no setor comercial. Desde a importância de adotar uma mentalidade inovadora, passando pela personalização das abordagens de vendas, até a implementação de tecnologias e automação, cada capítulo trouxe à tona a necessidade de estar sempre à frente das tendências e demandas do mercado.

Uma coisa ficou clara: **inovar não é uma escolha**, é uma necessidade. Empresas e profissionais que não acompanham as mudanças inevitavelmente ficam para trás. O mundo dos negócios é dinâmico, e as estratégias que funcionaram ontem podem não ser eficazes amanhã. Portanto, a **capacidade de adaptação e inovação contínua** é o que diferencia os líderes de mercado daqueles que apenas sobrevivem.

Um dos principais pontos abordados foi a **centralidade do cliente** em todo esse processo. A personalização e a busca por entender profundamente as necessidades e expectativas dos clientes são a base de qualquer estratégia de sucesso. Quando colocamos o cliente no centro de nossas decisões e ajustamos nossas abordagens para agregar valor real a ele, estamos criando uma vantagem competitiva sustentável.

Outro aspecto fundamental que discutimos é o uso da **tecnologia** para otimizar e escalar operações. Ferramentas como CRMs, automação de marketing e inteligência artificial são aliados poderosos que podem alavancar os resultados de vendas e melhorar a eficiência operacional. Mas, como vimos, essas ferramentas são apenas tão boas quanto a estratégia por trás delas. A chave está em saber como integrá-las de forma inteligente, tornando-as parte de um ecossistema de vendas que seja fluido, ágil e adaptável.

Treinamento contínuo e capacitação também foram destacados como pilares essenciais para manter equipes de vendas alinhadas com as melhores práticas do mercado. Não basta ter ferramentas de ponta ou estratégias inovadoras se os profissionais que estão na linha de frente não estiverem preparados para utilizá-las com eficiência. O sucesso no setor comercial depende diretamente do desenvolvimento contínuo das habilidades das equipes.

Por fim, reforcei a **importância de medir e otimizar** o desempenho regularmente. Acompanhar resultados, analisar dados e fazer ajustes contínuos são práticas que garantem que as empresas estejam sempre em crescimento e evolução. Não podemos melhorar aquilo que não medimos, e, portanto, a análise de KPIs e o ajuste constante das estratégias são fundamentais para sustentar o sucesso a longo prazo.

Inovar, crescer e liderar no setor comercial exige coragem, visão e uma disposição constante para aprender e se adaptar. Aos leitores, encorajo vocês a **aplicarem as estratégias discutidas** neste livro. Sejam ousados na implementação de novas ideias, estejam sempre atentos às mudanças no mercado e, acima de tudo, mantenham o cliente no centro de suas decisões.

Os desafios que enfrentamos no mercado de vendas são muitos, mas também são as oportunidades que surgem para aqueles que estão dispostos a inovar e liderar. O sucesso não é apenas para aqueles que seguem o caminho já traçado, mas para aqueles que, com confiança e estratégia, criam novos caminhos.

Transformem seus desafios em oportunidades de crescimento e sucesso. Sejam os líderes que o mercado comercial precisa.

www.ingramcontent.com/pod-product-compliance
Lightning Source LLC
Chambersburg PA
CBHW020443220526
45464CB00002B/828